Ernst Probst

Die Wieselburger Kultur

Eine Kultur der Bronzezeit von etwa 2000 bis 1600 v. Chr.

Der GRIN Verlag publiziert seit 1998 wissenschaftliche Arbeiten von Studenten, Hochschullehrern und anderen Akademikern als eBook und gedrucktes Buch. Die Verlagswebsite www.grin.com ist die ideale Plattform zur Veröffentlichung von Hausarbeiten, Abschlussarbeiten, wissenschaftlichen Aufsätzen, Dissertationen und Fachbüchern.

Dokument Nr. V183266 aus dem GRIN Verlagsprogramm

Ernst Probst

Die Wieselburger Kultur

Eine Kultur der Bronzezeit von etwa 2000 bis 1600 v. Chr.

GRIN Verlag

Die Deutsche Bibliothek verzeichnet diese Publikation in der Deutschen Nationalbibliografie;
detaillierte bibliografische Daten sind im Internet über http://dnb.d-nb.de/ abrufbar.

1. Auflage 2011
Copyright © 2011 GRIN Verlag GmbH
http://www.grin.com
Druck und Bindung: Books on Demand GmbH, Norderstedt Germany
ISBN 978-3-656-08136-4

Frau aus der Frühbronzezeit in Niederösterreich.
Ausschnitt aus einer Zeichnung
von Friederike Hilscher-Ehlert, Königswinter,
für das Buch »Deutschland in der Bronzezeit« (1996)
von Ernst Probst

Ernst Probst

Die Wieselburger Kultur

Eine Kultur der Bronzezeit
von etwa 2000 bis 1600 v. Chr.

Widmung

Dr. Elisabeth Ruttkay (1926–2009),
Professsor Hermann Maurer
und Dr. Johannes-Wolfgang Neugebauer (1949–2002)
gewidmet,
die mich bei meinen Büchern
»Deutschland in der Steinzeit« (1991) und
»Deutschland in der Bronzezeit« (1996)
unterstützt haben,
sowie der wissenschaftlichen Graphikerin
Friederike Hilscher-Ehlert

Inhalt

Der dänische Archäologe Christian Jürgensen Thomsen
(1788–1865) hat 1836 die Urgeschichte
nach dem jeweils am meisten verwendetem Rohstoff
in drei Perioden eingeteilt:
Steinzeit, Bronzezeit und Eisenzeit.

Vorwort

Eine Kultur der Bronzezeit, die von etwa 2000 bis 1600 v. Chr. östlich des Wienerwalds im südlichen Niederösterreich, im Gebiet des Neusiedler Sees im nördlichen Burgenland sowie in Westungarn und in der Südwestslowakei existierte, steht im Mittelpunkt des Taschenbuches »Die Wieselburger Kultur«. Geschildert werden die Anatomie der damaligen Ackerbauern, Viehzüchter und Bronzegießer, ihre Siedlungen, Kleidung, ihr Schmuck, ihre Keramik, Waffen, Haustiere, ihr Handel, ihre Kunstwerke und Religion.

Verfasser ist der Wiesbadener Wissenschaftsautor Ernst Probst. Er hat sich vor allem durch seine Werke »Deutschland in der Urzeit« (1986), »Deutschland in der Steinzeit« (1991) und »Deutschland in der Bronzezeit« (1996) einen Namen gemacht.

Das Taschenbuch »Die Wieselburger Kultur« ist Dr. Elisabeth Ruttkay (1926–2009), Professor Hermann Maurer und Dr. Johannes-Wolfgang Neugebauer (1949–2002) gewidmet, die den Autor mit Rat und Tat bei seinen Werken über die Steinzeit und Bronzezeit unterstützt haben. Es enthält zwei Lebensbilder der wissenschaftlichen Graphikerin Friederike Hilscher-Ehlert aus Königswinter.

11

Die Frühbronzezeit in Österreich

Abfolge und Verbreitung der Kulturen und Gruppen

Die Frühbronzezeit (Bronzezeit A) begann in Österreich etwa um 2300 v. Chr. und endete um 1600 v. Chr. Sie wurde von verschiedenen Autoren zunächst in zwei Abschnitte (Stufen A 1 und A 2), später in drei (Stufen A 1, A 2, A 3) oder sogar in vier Abschnitte (Phasen 1, 2, 3, 4) eingeteilt. All diese Gliederungen gehen auf deutsche Experten zurück.

In die älteste Kulturstufe der Frühbronzezeit in Österreich ist die Leithaprodersdorf-Gruppe einzuordnen. Sie existierte von etwa 2300/2200 bis ungefähr 2000 v. Chr. östlich des Wienerwalds in Niederösterreich und im Burgenland.[1]

Die in weiten Gebieten Mitteleuropas nachweisbare Aunjetitzer Kultur war von etwa 2300/2200 bis 1800 v. Chr. im Weinviertel und am Ostrand des Waldviertels im nördlichen Niederösterreich verbreitet.

In Oberösterreich, im Land Salzburg und im Raum Kufstein in Nordtirol behaupteten sich von etwa 2300 bis 1800/1600 v. Chr. Ausläufer der Straubinger Kultur..

Südlich der Donau zwischen Enns und Wienerwald in Niederösterreich hatte ab ungefähr 2300/2200 bis 1800 v. Chr. die Unterwölblinger Gruppe ihr Verbreitungsgebiet.

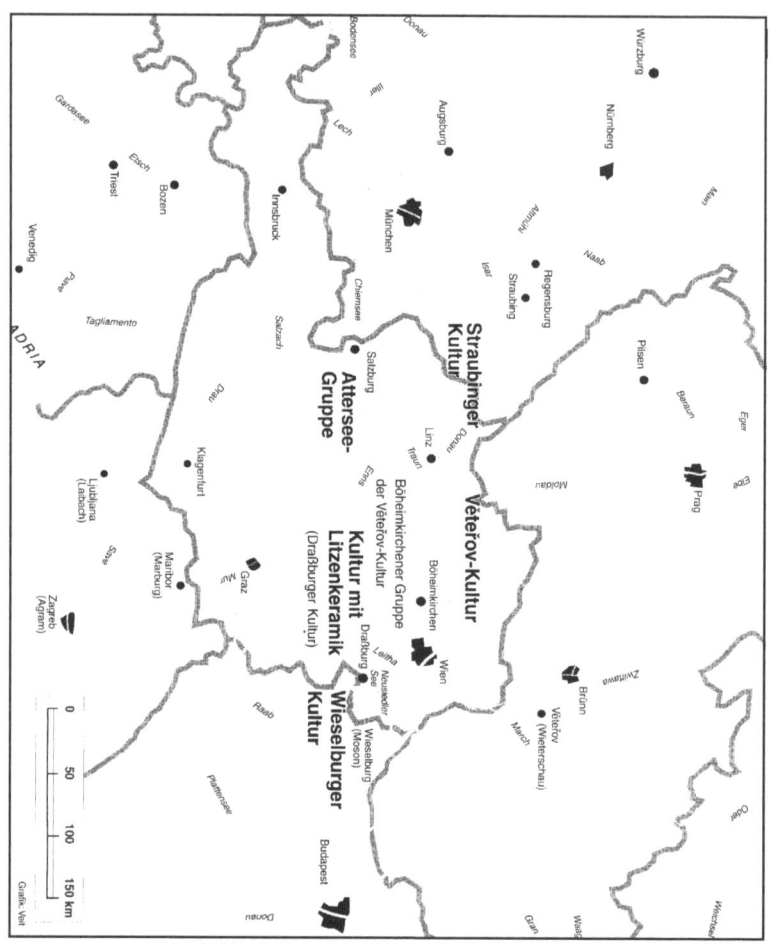

*Verbreitung der Kulturen und Gruppen während
der jüngeren Frühbronzezeit (etwa 1800 bis 1600 v. Chr.)
in Österreich.
Karte aus dem Buch »Deutschland in der Bronzezeit« (1986)
von Ernst Probst*

Rekonstruktion einer Frauentracht aus der Zeit
der Unterwölblinger Gruppe (etwa 2300/2200 bis 1800 v. Chr.).
Zeichnung von Friederike Hilscher-Ehlert, Königswinter,
für das Buch »Deutschland in der Bronzezeit« (1996)
von Ernst Probst

Im östlichen Niederösterreich südlich der Donau und im nördlichen Burgenland war von etwa 2000 bis 1600 v. Chr. die Wieselburger Kultur (s. S. 19) heimisch, welche die Leithaprodersdorf-Gruppe ablöste.

Zwischen dem Fluss Leitha in Niederösterreich und dem Südrand des Neusiedler Sees im Burgenland konzentrierte sich von etwa 1800 bis 1500 v. Chr. die Kultur mit Litzenkeramik bzw. Draßburger Kultur.

In der Frühbronzezeit um 1800 v. Chr. ist die Böheimkirchener Gruppe der Veterov-Kultur entstanden. Sie behauptete sich bis ungefähr 1500 v. Chr. südlich der Donau in Niederösterreich. Ihr jüngerer Abschnitt fällt bereits in die Mittelbronzezeit.

Größtenteils der Frühbronzezeit entsprach auch die von zirka 1800 bis 1500 v. Chr. nachweisbare Attersee-Gruppe. Sie war in Oberösterreich verbreitet und überdauerte teilweise bis in die Mittelbronzezeit.

OSWALD MENGHIN,
geboren am 19. April 1888 in Meran,
gestorben am 29. November 1973
in Buenos Aires.
Ab 1913 war er Privatdozent
an der Universität Wien.
1914 gründete er die
Wiener Prähistorische Gesellschaft.
1918 wurde er außerordentlicher Professor,
1922 ordentlicher Professor,
1930 bis 1933 Resident-Professor
an der Universität Kairo
und 1938 bis 1945
österreichischer Minister
für Kultus und Unterricht.
Oswald Menghin führte 1921
den Begriff Wieselburg-Gruppe ein.

Gute Beziehungen zum Nachbarn

Die Wieselburger Kultur

Östlich des Wienerwalds im südlichen Niederösterreich, im Gebiet des Neusiedler Sees im nördlichen Burgenland sowie in Westungarn und in der Südwestslowakei existierte von etwa 2000 bis 1600 v. Chr. die Wieselburger Kultur. Sie wurde 1921 durch den an der Universität Wien lehrenden Prähistoriker Oswald Menghin (1888–1973) nach dem östlich vom Neusiedler See gelegenen westungarischen Komitat Wieselburg (ungarisch: Moson) benannt. Dort hatte man 1887 die ersten Gräber in Mosonszenjános und 1897 bei Gattendorf[1] (ungarisch: Gáta) entdeckt.

Selbst Oswald Menghin sprach diese neue Keramikform 1915 zunächst als Gattendorfer Typus an. Die ungarische Forschung ist bis heute dabei geblieben und verwendet die Begriffe Gáta-Typus, Gáta-Gruppe und Gáta-Kultur[2]: so zum Beispiel in zusammenfassenden Arbeiten von Kálmán von Miske (1860–1943), Pál Patay und István Bóna. Dagegen hat sich der Name Mosonska-Kultur[3] nicht behaupten können. Die Wieselburger Kultur ist bisher schlecht erforscht.

Die Untersuchung der im Gräberfeld von Hainburg-Teichtal (Niederösterreich) bestatteten Menschen ergab, dass dort die Männer bis zu 1,68 Meter und die Frauen bis zu 1,50 Meter groß wurden. Nach einer inzwischen als überholt angesehenen Meinung hatte ein Teil der in

19

Hainburg-Teichtal beerdigten Toten fremdartige Flach-
gesichter. Es sollte es sich bei ihnen angeblich um
Mischlinge zweier Kulturen oder um Einwanderer aus
dem Osten beziehungsweise Südosten gehandelt haben.
Umstritten ist die 1986 vorgetragene Theorie des Prähistorikers Wilfried Hicke aus Eisenstadt, der meinte,
die Wieselburger Kultur sei nicht aus der vorhergehenden Leithaprodersdorf-Gruppe (etwa 2300/2200 bis
2000 v. Chr.) hervorgegangen, sondern sie sei eine neue
eigenständige Entwicklung. Demzufolge wären die
Angehörigen der Wieselburger Kultur ins Burgenland
und nach Niederösterreich eingewandert.

Im zur Wieselburger Kultur gehörenden Gräberfeld von
Hainburg-Teichtal wurden im Gegensatz zu Friedhöfen
der Unterwölblinger Gruppe nur etwa halb so viele
Kinder bestattet – nämlich rund 15 statt der sonst
üblichen 30 Prozent. Das jedenfalls glaubte der Wiener
Anthropologe Wilhelm Ehgartner (1914–1965) heraus-
gefunden zu haben, der den Anteil von Jugendlichen
mit weiteren 15 Prozent und den von Erwachsenen mit
rund 70 Prozent bezifferte. Seine Erkenntnisse werden
heute bezweifelt, weil – wie man mittlerweile weiß – bei
der Ausgrabung der Skelettreste in Hainburg-Teichtal
häufig die schlechter erhaltenen Kinderskelette nicht
geborgen wurden.

Das Wissen über die Kleidung zur Zeit der Wieselburger
Kultur ist bescheiden. Eine in Jois (Burgenland) im
Grabhügel II bestattete Frau und ein Jugendlicher trugen
am Kopf je eine Knochennadel, die als Haarschmuck
oder zum Festhalten einer Haube oder eines Tuches

diente. In Frauengräbern stellte sich mehrfach heraus, dass der Mantel oder Umhang an der Schulter durch zwei Nadeln zusammengefasst wurde. Eine im Joiser Grabhügel II geborgene Knochenscheibe wird als Besatz eines Gürtels oder einer Tasche gedeutet.

Von den ehemaligen Siedlungen der Wieselburger Kultur zeugen meistens nur Keramikreste oder Gruben. Durch solche Hinterlassenschaften sind in Fischamend bei Schwechat[4], Mannersdorf am Leithagebirge[5], Schwechat[6], Sommerein[7] (alle in Niederösterreich) sowie auf dem Föllik bei Großhöflein[8], in Leithaprodersdorf[9] und Parndorf bei Neusiedl am See[10] (alle im Burgenland) Siedlungen belegt. In Szakony (Ungarn) soll angeblich ein in den Boden eingetiefter Hausgrundriss mit Wieselburger Keramik entdeckt worden sein.

Unter den Siedlungen der Wieselburger Kultur ist jene auf dem Berg Föllik bei Großhöflein besonders interessant. Der Berg mit einem Gipfel im Norden und einem im Süden überragt die Sulzbachniederung bis zu 92 Metern, hat ein flach nach Süden geneigtes Plateau von 250 mal 180 Metern und fällt im Norden, Osten und Westen steil ab. Die geschützte Lage dieser Naturfestung machten sich Menschen der Wieselburger Kultur zunutze. Sie errichteten auf dem Bergplateau eine Befestigung mit Wällen und Palisaden entlang der Steilhänge, mit einem tiefen Graben und einem hohen Wall aus dem Erdaushub desselben. Diese »Bronzezeitburg« liefert einen Hinweis auf unruhige Zeiten

*Verzierte Tongefäße
der frühbronzezeitlichen
Wieselburger Kultur
(etwa 2000 bis 1600 v. Chr.)
aus dem Gräberfeld
von Hainburg-Teichtal
in Niederösterreich.
Originale im
Naturhistorischen Museum,
Wien*

sowie auf ein damit verbundenes gewisses Sicherheits- und Schutzbedürfnis.

Anhand archäologischer Funde ist lediglich die Haltung von Hunden und Pferden nachgewiesen, daneben dürfte es aber auch Schafe, Ziegen, Rinder und Schweine gegeben haben. Die Existenz von Hunden konnte in Göttlesbrunn bei Bruck an der Leitha (Niederösterreich) mit der Entdeckung der linken Unterkieferhälfte eines erwachsenen Tieres begründet werden. In einem der Gräber von Rusovce (Südwestslowakei) kam ein Pferdeschädel zum Vorschein.

Typische Tongefäße der Wieselburger Kultur sind Trichterhalstassen, Doppelhenkelkrüge mit teilweise sanduhrförmigen Henkeln und einfache Töpfe mit metallisch glänzender dunkelbrauner Oberfläche. Als Sonderform gelten würfelförmige Tongefäße. Vor allem die Doppelhenkelkrüge sind mit plastischen Auflagen verziert, die schon bei der vorhergehenden Leitha-prodersdorfer Gruppe üblich waren. Die Auflagen der Wieselburger Kultur haben die Formen eines W, Kreuzes, einer Schlange oder Spinne. Andere Tongefäße sind mit einem eingeritzten Dekor versehen.

Ein Doppelhenkelkrug von Oggau-Seegasse im Burgenland fällt durch seine Verzierung aus dem Rahmen des Normalen. Auf ihm ist eine abstrakte Menschengestalt zu erkennen. Es handelt sich in diesem Fall um ein sehr seltenes Indiz für die Kunst der Wieselburger Kultur.

In der Hofmannshöhle bei Bad Fischau[11] in Niederösterreich wurde ein Keramikdepot aus dieser Zeit

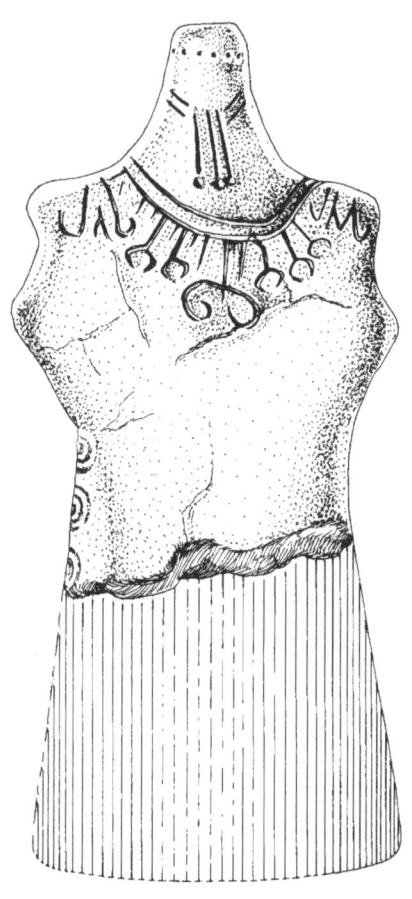

Das tönerne Idol aus Babska in Ungarn trägt eine Halskette
mit Anhängern, wie sie in Carnuntum bei Bruck
an der Leitha in Niederösterreich zum Vorschein kamen.
Erhaltene Länge: 10,4 Zentimeter.
Original im Naturhistorischen Museum Wien

entdeckt, das insgesamt sechs Tongefäße umfasste.

In einigen Gräbern von Hainburg-Teichtal lagen Tassen
der Aunjetitzer Kultur, Krüge und Amphoren der
Mad'arovce-Kultur und inkrustierte Krüge aus dem
Verbreitungsgebiet der Nordpannonischen Kultur in
Ungarn. Diese fremden Tongefäße in Hainburg-Teichtal
und ein Wieselburger Tongefäß im Gräberfeld der Nitra-
Gruppe von Branc. in der Slowakei verraten einen regen
Tauschhandel.

Hinweise für Tauschgeschäfte mit Kupfer sind bisher
im Verbreitungsgebiet der Wieselburger Kultur selten.
Eines der vereinzelten Barrenringdepots kam am
Pfaffenberg bei Hainburg in Niederösterreich zum
Vorschein. Derartige Barrenringe aus Bronze dienten
als Rohstoff, aber auch als Schmuckstücke. Daneben
wurden Gold und Silber importiert.

Als Zeugnisse eines »kleinen Grenzverkehrs« zwischen
der in Ungarn heimischen »Kultur der inkrustierten
Keramik« und der Wieselburger Kultur gelten drei
metallene Anhänger aus Carnuntum bei Bruck an der
Leitha in Niederösterreich. Es handelt sich hierbei um
Anhänger vom Typ Tolmanédi, die nach einem ungari-
schen Fundort benannt sind. Einer davon ist schwalben-
schwanzförmig, ein anderer mondförmig und der dritte
umgekehrt-herzförmig. Der größte von ihnen hat eine
Länge von 16,5 Zentimetern, während die beiden
anderen 6,6 und 3,4 Zentimeter lang sind.

Bronzedolche kennt man aus Gattendorf, Oggau,
Wulkaprodersdorf im Burgenland und aus Hainburg-

Teichtal in Niederösterreich. Ein Dolch aus Wulka-prodersdorf weist vier Nieten auf und ist mit markanten Rillen verziert. An slowakische Formen erinnert ein Dolch mit halbkreisförmiger, fünfnietiger Griffplatte aus Hainburg-Teichtal.

Außer solchen alltäglichen Waffen sind von manchen Fundorten der Wieselburger Kultur auch Stabdolche bekannt. Sie gelten als Statussymbole oder Zeremonialgeräte.

Als Waffe diente möglicherweise auch das sehr schlanke Löffel- beziehungsweise Spatelbeil mit verzierter Schneide, das in einem der Gräber von Hainburg-Teichtal lag. Dieser Typ ist im Donauraum sehr selten.

Der Schmuck wurde aus Stein, Schneckengehäusen, Bernstein, Glas und Metall (Kupfer, Bronze, Gold, Silber) angefertigt. Manche dieser Materialien – wie etwa Bernstein, Gold und Silber – sind auf dem Tauschweg erworben worden. Geschmückt wurden der Kopf (Schleifenringe in der Schläfengegend), die Ohren (Ohrringe), der Hals (Halsketten, Ösenhalsringe, Spiralröllchen), die Brust (Brillenspiralen) und die Arme (Armreife, Armspiralen). Die Nadeln, welche die Kleidung zusammenhielten, variierten in verschiedenen Formen.

Besonders kostbarer Schmuck wurde im Friedhof von Hainburg-Teichtal gefunden. Im Grab 3 lagen ein goldener und ein silberner Ring. Diese beiden Schmuckstücke werden von den Prähistorikern unterschiedlich als Schläfen- oder Ohrringe gedeutet.

Das Grab 43 enthielt zwei Noppenringe aus Golddraht. In den Gräbern 64 und 95 kam jeweils ein kleines verziertes Goldblech unbekannter Funktion zum Vorschein. Eines ist oval, das andere rechteckig, beide sind mit Löchern und gepunzten Punkten verziert. Goldschmuck holte man auch aus einem Grab der Wieselburger Kultur von Rusovce (Südwestslowakei) ans Tageslicht.

Wertvoller als das Gold war damals das Silber. Kein Wunder: Gold kannte man in Europa bereits seit etwa 4000 v. Chr., Silber dagegen in Ägypten, Mesopotamien und Europa erst viel später, nämlich um 2500 v. Chr. Silberschmuck der Frühbronzezeit ist außer dem Fund von Hainburg-Teichtal sonst nirgends an der mittleren Donau geborgen worden.

Als Anhänger für Halsketten verwendete man durchbohrte Gehäuse von Zahnschnecken *(Dentalium)* aus dem Mittelmeer, bunte Glasperlen und bronzene Spiralröllchen. Wie ein Fund aus dem Grab 5 von Deutschkreuz im Burgenland veranschaulicht, wurden mitunter *Dentalium*-Gehäuse mit bronzenen Spiralröllchen kombiniert. Zu den reichen Schmuckfunden aus dem Joiser Grabhügel II gehören eine Halskette mit *Dentalium*-Gehäusen und einer dunkelgrün bis braun gefärbten Glasperle als Anhänger sowie ein durchbohrter Eberzahn. Auf diese Schmuckstücke stieß man im Grab einer Frau.

Bei den kupfernen und bronzenen Ösenhalsringen gab es neben kompakten Stücken auch zierlichere Formen. Die Ösenenden der massiven, rundstabigen Ringe sind manchmal aus unbekannten Gründen mit einem schmalen Kupferband umwickelt. Bei den zierlicheren Ringen hat man die Enden leicht aufgebogen.

In Grab 5 von Deutschkreuz wurde eine bronzene Brillenspirale gefunden, die wohl als Brustschmuck gedacht war. Auf der linken Brustseite der Frau aus dem Joiser Grabhügel II lag ein Noppenring aus Bronzedraht mit einem Durchmesser von 1,5 Zentimetern. Neben dem linken Oberarm befanden sich vier Bronzehülsen mit Nieten, am Hals hing – wie bereits erwähnt – eine Kette aus Bronzespiralen und *Dentalium*-Gehäusen.

Die kupfernen und bronzenen Armspiralen hatten mindestens anderthalb bis maximal zehn Windungen. Im Querschnitt sind diese Spiralen meistens spitzoval, jedoch hin und wieder auch rund.

Die Gewandnadeln der Wieselburger Kultur wurden aus Knochen von Tieren geschnitzt oder aus Kupfer und Bronze gegossen und geschmiedet. Durchlochte Knochennadeln konnten im Gräberfeld von Hainburg-Teichtal geborgen werden.

Bei den Metallnadeln gelten einfache Hülsenkopfnadeln als typisch für die ältere Stufe; Kugelkopfnadeln, Hülsenkopfnadeln mit tordiertem Schaft und Schleifennadeln mit Armbrustkonstruktion dagegen sind charakteristisch für die jüngere Stufe. Die untere Kopfhälfte und der Hals der Kugelkopfnadeln wurden häufig quergerieft und vielfach zusätzlich mit Zickzacklinien oder mit Strichbündeln verschönert. Den Kopf der Scheibenkopfnadeln hat man verziert.

Schleifennadeln mit Armbrust-konstruktion sind von Gattendorf im Burgenland und Sankt Georgen am Leithagebirge in Niederösterreich bekannt.

Die Toten der Wieselburger Kultur wurden meistens unverbrannt bestattet. Man hob einfache Erdgräber aus, umstellte dann und wann den Grabraum mit Steinen oder bedeckte ihn mit einer Steinpackung. Verfärbungen und Moderspuren lieferten Hinweise auf Baumsärge. In Hainburg-Teichtal (Niederösterreich) wurden neben zahlreichen Körper- auch zwei Brandbestattungen zelebriert. In Jois[12] (Burgenland) erhielten die Gräber eine Hügelschüttung. Die meisten der insgesamt 15 Bestattungen im Joiser Grabhügel II werden der Leithaprodersdorf-Gruppe zugerechnet. Nur zwei Beisetzungen von dort fallen in die Zeit der Wieselburger Kultur. Eines der Gräber von Mannersdorf im Leithagebirge (Niederösterreich) war mit Holzeinbauten versehen. Zwei Pfostenlöcher in Hainburg-Teichtal und gleichbleibend eingehaltene Grababstände deuten auf eine Kennzeichnung der Gräber an der Erdoberfläche hin. Die Toten wurden überwiegend einzeln zur letzten Ruhe gebettet, in einigen Fällen beerdigte man mehrere zusammen. In Hainburg-Teichtal erfolgten sieben Doppelbestattungen und eine Dreifachbeisetzung. Zu den Grabbeigaben gehörten auch Tongefäße. Allein in Oggau (Burgenland) kamen aus einem Grab sieben Tongefäße zum Vorschein. Die Keramik wurde bei den Füßen oder um den Oberkörpers herum abgestellt. In Hainburg-Teichtal[13] sind zwei Friedhöfe der Wieselburger Kultur entdeckt worden. Der größere davon

Foto auf Seite 31:

Hockerbestattung eines Kindes
mit zum Körper angewinkelten Beinen
aus der Zeit der Wieselburger Kultur
aus dem 1985/1986 durch das Bundesdenkmalamt Wien
untersuchten Gräberfeld
von Hainburg-Teichtal in Niederösterreich

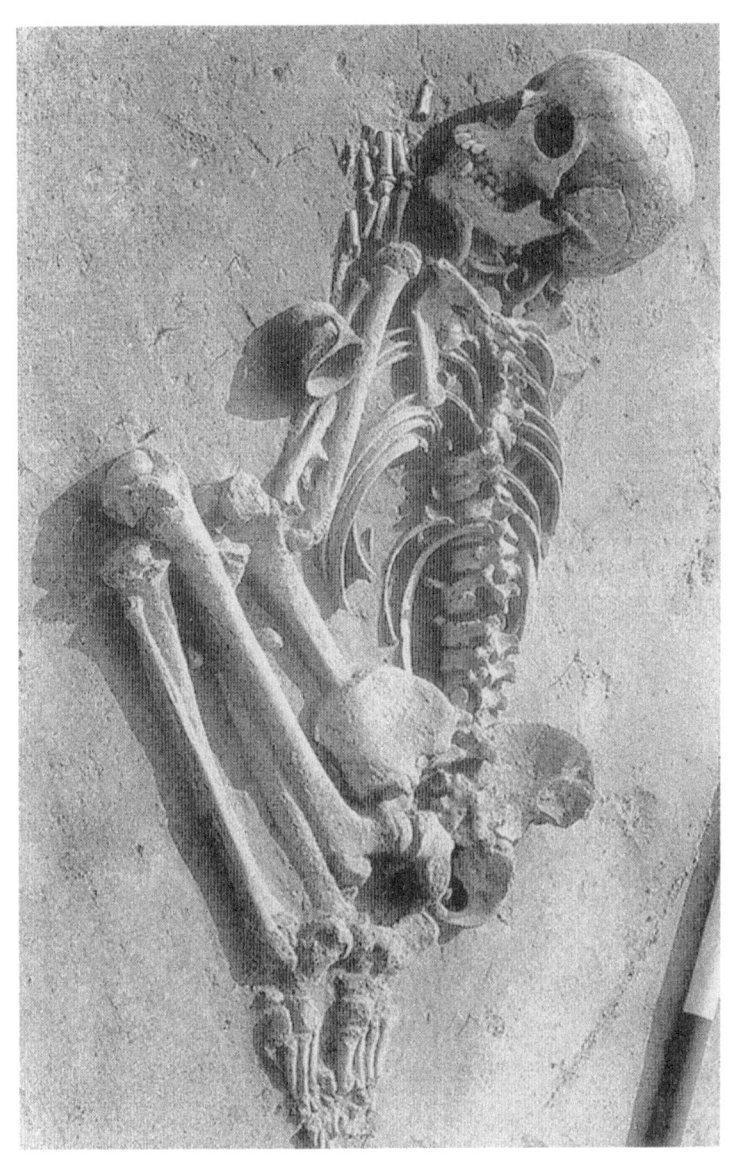

31

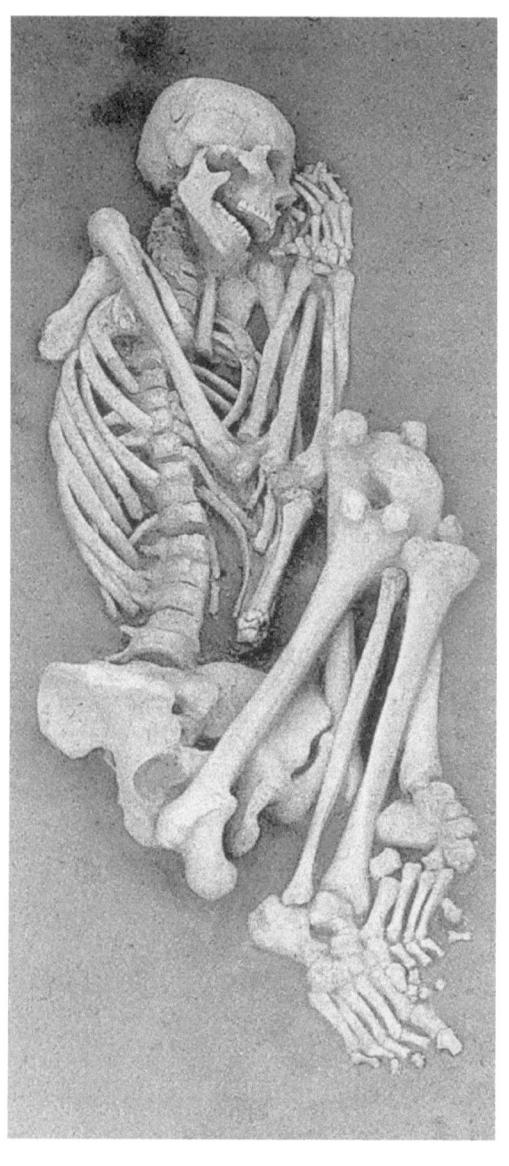

*Hockerbestattung
eines Erwachsenen
aus der Zeit der
Wieselburger Kultur
aus dem 1985/1986
durch das
Bundesdenkmalamt Wien
untersuchten Gräberfeld
von Hainburg-Teichtal
in Niederösterreich*

umfasste 285, der kleinere 31 Gräber. Die Grabgruben reichten 0,30 und 1,75 Meter tief in den Boden. Manche Gräber enthielten mächtige Steinpackungen und Baumsärge, auf und in die Beigaben gestellt wurden. Auf beiden Friedhöfen haben Grabräuber ihr Unwesen getrieben.

Zum Gräberfeld in Mannersdorf am Leithagebirge[14] gehörten 98 Gräber und zu dem in Oggau-Seegasse[15] 32 Gräber. In Gattendorf wurden zwei Friedhöfe gefunden: einer mit etwa 20 bis 25 zerstörten und 43 unzerstörten Gräbern, der andere mit sieben Gräbern. Ebenfalls zwei Friedhöfe sind aus Rusovce (früher Oroszvár genannt) in der Südwestslowakei bekannt. Rusovce gilt als der wichtigste Fundort der Wieselburger Kultur in der Slowakei.

In Jois wurden unter dem Grabhügel II insgesamt 15 Bestattungen freigelegt, von denen – wie erwähnt – zwei Tote der Wieselburger Kultur angehören. Einer phantasievollen Deutung zufolge sollte es sich bei diesen Beisetzungen um einen Häuptling und dessen erschlagenes Gefolge handeln.

Anmerkungen

1] Die Zusammenstellung dieser Übersicht über die Verbreitung und Zeitdauer von Kulturen der Frühbronzezeit entstand 1996 mit Hilfe der Prähistorikerin Elisabeth Ruttkay vom Naturhistorischen Museum, Wien, und des Prähistorikers Johannes-Wolfgang Neugebauer vom Bundesdenkmalamt Wien.

Die Wieselburger Kultur
1] Bei Gattendorf (Gáta) wurde 1897 beim Bau der Eisenbahnlinie Sopron-Bratislava (Ödenburg–Preßburg) ein Gräberfeld mit 20 bis 25 Gräbern entdeckt. 1898/99 legte der adlige Grundbesitzer und Advokat August Söter von Tapió-Sap (1837–1905) aus Altenburg (heute Mosonmagyarovár) bei einer Grabung 43 Gräber frei. Weitere Gräber hat man 1931/32 gefunden. Ein zweites Gräberfeld wurde 1953 in Gattendorf (Flur Zigeunertafel) von dem Prähistoriker Alois Ohrenberger (1920–1994) aus Eisenstadt lokalisiert und ausgegraben.
2] Den Begriff Gáta-Kultur hat 1917 der ungarische Freiherr Kálmán von Miske (1860–1943), der Begründer und Direktor des Museums in Szombathely und Begründer des Museums in Köszeg (Günz), eingeführt.
3] Der damals in Bratislava tätige Prähistoriker Jan Eisner (1885–1967) prägte 1933 den Ausdruck Mosonska-Kultur, der sich auf die ungarische Benennung des Wieselburger Komitats bezieht.

4] In Fischamend bei Schwechat wurde 1917 beim Ausheben des Grundes für einen militärischen Bau eine Grube mit Keramikresten entdeckt.

5] Die Siedlungsreste von Mannersdorf am Leithagebirge wurden 1977 bis 1984 bei den Grabungen des Bundesdenkmalamtes Wien durch den Grabungstechniker Gustav Melzer freigelegt.

6] Im Sommer 1958 ließ die Österreichische Mineralölverwaltung östlich von Schwechat für den Neubau der Großraffinerie eine großes Areal durch Planiergeräte vom Humus befreien. Dabei kamen zahlreiche Verfärbungen, urgeschichtliche Keramikbruchstücke und ein ganzes Henkelgefäß zutage. Ein Arbeiter verständigte die Prähistorische Abteilung des Naturhistorischen Museums, Wien, von den Funden, welche die Meldung an das Bundesdenkmalamt Wien weitergab. Im Auftrag und unter Aufsicht der Wiener Prähistorikerin Gertrud Moßler (1919–1994) und unter technischer Leitung des Grabungstechnikers Gustav Melzer mit teilweiser Mitwirkung der Österreichischen Arbeitsgemeinschaft für Ur- und Frühgeschichte wurden mehrere Verfärbungen untersucht. Grube 5 enthielt Keramikreste der Wieselburger Kultur, die seit längerer Zeit im Gebiet von Schwechat belegt ist.

7] 1916 fand Alexander Ritter von Seracsin (1883–1952) bei der Wolfsbrunnenquelle unweit von Sommerein eine Henkeltasse.

8] Dass sich auf dem Föllik bei Großhöflein eine Siedlung der Wieselburg-Gruppe befand, vermutete 1954 der damals in Wien arbeitende Prähistoriker

Richard Pittioni (1906–1985) in seinem Buch »Urgeschichte des österreichischen Raumes«.

9] Das Gräberfeld von Leithaprodersdorf wurde von
1950 bis 1951 durch den Prähistoriker Alois Ohrenberger (1920–1994) aus Eisenstadt ausgegraben. Er war
von 1949 bis 1980 Direktor des Burgenländischen Landesmuseums, Eisenstadt.

10] Die Siedlungsreste von Parndorf bei Neusiedl am
See wurden 1945 entdeckt.

11] Das Keramikdepot in der Hofmannshöhle bei Bad
Fischau wurde 1929 von dem Ingenieur Josef Wenninger
(1905–1991) aus Wiener Neustadt entdeckt.

12] In Jois führte Alexander Ritter von Seracsin (1883–
1952) vom 1. bis 8. Oktober 1930 im Auftrag des österreichischen Archäologischen Institutes und des Burgenländischen Landesmuseums, Eisenstadt, eine Grabung
durch, bei welcher der Grabhügel II freigelegt wurde.
Vom 13. bis 25. September 1931 deckte er die Grabhügel
IV, V und VI auf. 1952 wurde beim Aushub eines militärischen Laufgrabens ein anderer Grabhügel angeschnit-
ten. 1957 kam beim Bau einer militärischen Anlage ein
weiteres Grab zum Vorschein. Der Friedhof von Jois
mit Hügel- und Flachgräbern liegt im Bereich der Riede
»Sartal« und »Joisauer«. Alexander Ritter von Seracsin
bezeichnete den Fundort nach einem Steinbruch auch
als »Teufelsjoch«. Er hat als Adjunkt in den kaiserlichen
Güterdomäne von Rutzendorf, Orth an der Donau,
Mannersdorf am Leithagebirge und Wien gearbeitet.

13] Die ersten frühbronzezeitlichen Funde in Hainburg-
Teichtal wurden im Herbst 1916 durch den Wiener

Prähistoriker Eduard Beninger (1897–1963) geborgen, als er zusammen mit dem Hainburger Gemeinderat und Bauwerkmeister der Tabakfabrik, Franz Thier, den an die Fundstelle angrenzenden mittelalterlichen Friedhof untersuchte. Dabei wurden auf einer benachbarten An-höhe frühbronzezeitliche Tonscherben entdeckt. Im Dezember 1927 stellten der damals in Hainburg statio-nierte Oberstleutnant Franz Mühlhofer (1881–1955) und Franz Thier in der neuen Sandgrube Reinschedl ein frühbronzezeitliches Gräberfeld fest. Im Sommer 1928 grub Mühlhofer, dem Beninger hierfür Geldmittel der anthropologisch-prähistorischen Abteilung des Natur-historischen Museums, Wien, beschafft hatte, die Gräber 1 bis 9 aus. Später wurden die ersten Gräber numeriert und zusammen mit einigen zufällig gefundenen Bestat-tungen als Gräber 1 bis 16 bezeichnet. Zwischen 1930 und 1933 sowie gelegentlich bis 1938 wurden im Auftrag des Naturhistorischen Museums, Wien, von hierfür Be-auftragten und Einheimischen die Gräber 17 bis 146 freigelegt. Vor einem geplanten Kasernenbau nahmen Eduard Beninger (s. Anm. 13) und der Anthropologe Ämilian Kloiber (1910–1989) aus Linz im Frühjahr 1939 eine Ausgrabung vor, bei der die Gräber 147 bis 253 zum Vorschein kamen. 1973 wurde zufällig das Grab 254 gefunden. 1982, 1985/86 und 1989/90 grub der Prähistoriker Johannes-Wolfgang Neugebauer vom Bundesdenkmalamt Wien weitere 62 frühbronzezeit-liche Hockergräber aus, von denen jeweils 31 zu dem altbekannten großen Friedhof und zu einem neuent-deckten kleineren Friedhof gehörten.

14] In Mannersdorf am Leithagebirge wurde 1925 im Schlossgarten ein vereinzeltes Grab gefunden. 1976 und 1977 kamen in der Flur Reinthal beim Pflügen zahlreiche Gräber zum Vorschein. 1977 bis 1984 erfolgten Grabungen des Bundesdenkmalamtes Wien durch den Grabungstechniker Gustav Melzer.

15] In Oggau-Seegasse wurde 1930 ein Grab entdeckt. Der erste Hinweis auf Grabfunde ging im Winter 1931 beim Burgenländischen Landesmuseum, Eisenstadt, ein. Von da ab kamen bei der Sandgewinnung am »Seedamm« und bei der Errichtung von Wohnhäusern immer wieder Gräber zum Vorschein. Dass diese Grabfunde dem Landesmuseum bekannt wurden, ist dem Aufseher und Präparator des Burgenländischen Landschaftsmuseums, Eisenstadt (wie das Landesmuseum damals hieß), Johann Sallmutter (1900–1973) aus Oggau, zu verdanken. 1939 nahm der damalige Direktor des Burgenländischen Landes-museums, Richard Pittioni (1906–1985), eine Grabung vor, 1941 Gertrud Moßler (s. Anm. 6) und zu Anfang des Jahres 1950 Alois Ohrenberger (Anm. 1). Letztere Grabung war durch Arbeiten beim Ausbau des Wasserleitungs-Ortsnetzes notwendig geworden. 1939 und 1953 wurden dem Landesmuseum Einzelfunde übergeben, die keinen Gräbern zugeordnet werden können.

Literatur

Die Frühbronzezeit in Österreich
FONTANA, Josef / HAIER, Peter W. / LEITNER, Walter / Mühlberger, Georg / PALME, Rudolf / PARTELI, Othmar / RIEDMANN, Josef: Geschichte des Landes Tirol, Band 1, Bozen 1985
FRANZ, Leonhard / NEUMANN, Alfred R. (Herausgeber: Lexikon ur- und frühgeschichtlicher Fundstätten Österreichs, Wien 1965
LIPPERT, Andreas (Herausgeber): Reclams Archäologieführer Österreich und Südtirol, Stuttgart 1985.
MAURER, Hermann: Abriß der Ur- und Frühgeschichte des Waldviertels. Mannus, Band 51, S. 276–325, Bonn 1986
NEUGEBAUER, Johannes-Wolfgang: Die Bronzezeit im Osten Österreichs. Forschungsberichte zur Ur- und Frühgeschichte, Band 13, Sankt Pölten/Wien 1987
NEUGEBAUER, Johannes-Wolfgang: Österreichs Urzeit. Bärenjäger, Bauern, Bergleute, Wien/München 1990
NEUGEBAUER, Johannes-Wolfgang: Die frühe und mittlere Bronzezeit. Aus: Archäologie in Niederösterreich. St. Pölten und das Traisental, S. 51–78, Sankt Pölten 1993
NEUGEBAUER, Johannes-Wolfgang: Die Bronzezeit in Ostösterreich. Wissenschaftliche Schriftenreihe NÖ, Sankt Pölten/Wien 1994

NEUGEBAUER, Johannes-Wolfgang / NEUGE-
BAUER-MARESCH, Christine: Überblick über die
frühe und mittlere Bronzezeit in Ostösterreich. Aus:
Beiträge zur Geschichte und Kultur der mittel-
äeuropäischen Bronzezeit, Teil II, S. 309–349, Berlin/
Nitra 1990

PITTIONI, Richard: Urgeschichte des österreichischen
Raumes, Wien 1954

PITTIONI, Richard: Die Bronzezeit. Aus: Vom
Faustkeil zum Eisenschwert. Eine kleine Einführung
in die Urgeschichte Niederösterreichs, Horn 1964

PITTIONI, Richard: Geschichte Österreichs, Band 1/
2 – Urzeit von etwa 80 000 bis 15 v. Chr. Anmerkungen
und Exkurse, Wien 1980

PRIMAS, Margarita: Untersuchungen zu den Be-
stattungssitten der ausgehenden Kupfer- und Frühbronzezeit. 58. Bericht der Römisch-Germanischen
Kommission, S. 1– 160, Frankfurt/Main 1978

PROBST, Ernst: Deutschland in der Bronzezeit. Bauern,
Bronzegießer und Burgherren zwischen Nordsee und
Alpen, München 1996

SCHUBERT, Eckehart: Zur Frühbronzezeit an der
mittleren Donau. Germania, Jahrgang 45, S. 264–286,
Frankfurt/ Main 1967

SCHUBERT, Eckehart: Studien zur frühen Bronzezeit
an der mittleren Donau. 54. Bericht der Römisch-
Germanischen Kommission 1973, S. 1–105, Berlin
1974

URBAN, Otto H.: Wegweiser in die Urgeschichte
Österreichs, Wien 1989

Die Wieselburger Kultur

BENINGER, Eduard / MÜHLHOFER, Franz / GEYER, Eberhard: Das frühbronzezeitliche Reihengräberfeld HainburgTeichtal. Mitteilungen der Anthropologischen Gesellschaft in Wien, Band 60, S. 65–140, Wien 1930

BÓNA, István: The Pectoral Ornament of the Female Grave 4 at Oroszvár. Archäologiai Értesitö, Band 87, S. 198– 205, Budapest 1960

BÓNA, István: Die mittlere Bronzezeit Ungarns und ihre südöstlichen Beziehungen. Archaeologia Hungarica, Band 49, Budapest 1975

EHGARTNER, Wilhelm: Vier frühbronzezeitliche Schädel Aus Oggau, Burgenland. Archaeologia Austriaca, Heft 1, S. 1–26, Wien 1948

EHGARTNER, Wilhelm: Die Schädel aus dem frühbronzezeitlichen Gräberfeld von Hainburg, Niederösterreich. Mitteilungen der Anthropologischen Gesellschaft in Wien, Band 88/89, S. 8–90, Wien 1959

FOLTINY, Stephan: Ein Grabfund der Wieselburger Kultur aus Jois. Burgenländische Heimatblätter, Band 36, S. 101–109, Eisenstadt 1974

KASTNER, Fritz Josef: Prähistorische Wohngrube in Fischamend bei Wien. Wiener Prähistorische Zeitschrift, 6. Jahrgang, S. 112–114, Wien 1919

LEEB, Alexandra: Überblick über die Chorologie, Typologie und Chronologie der Wieselburgerkultur. 100 Jahre Forschungsstand. Aus: HICKE, Wilfried: Hügel- und Flachgräber der Frühbronzezeit aus Jois und Oggau.

Wissenschaftliche Arbeiten aus dem Burgenland, Band 75, S. 231–283, Eisenstadt 1987

MENGHIN, Oswald: Die Südgrenze der Mönitzer Kultur. Jahrbuch für Landeskunde von Niederösterreich, Band 13/14, S. 61–68, Wien 1915

MISKE, Kálmán von: Versuch eines chronologischen Systems der ungarländischen Bronzezeit. Archiv für Anthropologie, Band 43, S. 253–269, Braunschweig 1917

NARR, Karl J.: Oswald Menghin. Prähistorische Zeitschrift, Band 49, S. 1–5, Berlin 1974

NEUGEBAUER, Johannes-Wolfgang: Wieselburger Kulturgruppe. Aus: Die Bronzezeit im Osten Österreichs. Fundberichte zur Ur- und Frühgeschichte, Band 13, S. 20–22, Sankt Pölten/Wien 1987

NEUGEBAUER, Johannes-Wolfgang: Die Rettungsgrabungen des Bundesdenkmalamtes 1980–1990 im Teichtal zu Hainburg, NÖ. Jungsteinzeitliche und spätbronzezeitliche Siedlungs- und Bestattungsfunde sowie zwei frühbronzezeitliche Nekropolen. Archäologie Österreichs, Band 1, Heft 1/2, S. 28–35, Wien 1990

OHRENBERGER, Alois J.: Neue Funde aus der Stein- und Bronzezeit im Burgenland. Burgenländische Heimatblätter, Band 12, S. 1–9, Eisenstadt 1950

OHRENBERGER, Alois J.: Ein zweites Gräberfeld der Wieselburger Kultur bei Gattendorf, Bez. Neusiedl am See. Burgenländische Heimatblätter, Band 18, S. 55–62, Eisenstadt 1956

RUTTKAY, Elisabeth: Neolithische und bronzezeitliche Siedlungsreste in Schwechat, p. B. Wien-Umgebung,

NÖ. Archaeologia Austriaca, Heft 50, S. 21–63, Wien 1971

RUTTKAY, Elisabeth: Zur Deutung der Depotfunde vom Typus Tolnanémedi im Zusammenhang mit dem Idol von Babska. Annalen des Naturhistorischen Museums Wien, Band 85, S. 1–17, Wien 1983

RUTTKAY, Elisabeth: Zwei verzierte Goldplättchen aus dem frühbronzezeitlichen Gräberfeld von Hain- burgTeichtal. Mitteilungen der Anthropologischen Gesellschaft, Band 68/69, S. 135–150, Wien 1988/89

SCHUBERT, Eckehart. Wieselburger Kultur. Aus: Studien zur frühen Bronzezeit an der mittleren Donau. 54. Bericht der Römisch-Germanischen Kommission 1973, S. 36– 42, Frankfurt/Main 1974

SERACSIN, Alexander von: Vor- und frühge- schichtliche Funde aus dem Leithagebirge (Nieder- österreich und Burgenland). Wiener Prähi-storische Zeitschrift, 10. Jahrgang, S. 65–76, Wien 1924

WILLVONSEDER, Kurt: Die Wieselburger Kultur. Aus: Die mittlere Bronzezeit in Österreich, S. 22–23, Leipzig 1937

Bildquellen

Klaus Benz, Fotograf, Mainz-Laubenheim: 51
Friederike Hilscher-Ehlert, Königswinter: 49
Reproduktionen von Fotos aus dem Buch
»Deutschland in der Bronzezeit« (1996) von Ernst
Probst: 22 (Naturhistorisches Museum Wien,
Prähistorische Abteilung), 31, 32 (Dr. Johannes-
Wolfgang Neugebauer, Klosterneuburg),
18 (Universität Wien, Institut für Ur- und Frühge-
schichte)
Reproduktion einer Karte aus dem Buch »Deutsch-
land in der Bronzezeit« (1996) von Ernst Probst: 14
(Rainer Veit, Mainz, nach Angaben von Dr. Johannes-
Wolfgang Neugebauer, Bundesdenkmalamt Wien)
Reproduktionen von Zeichnungen aus dem Buch
„Deutschland in der Bronzezeit« (1996) von Ernst
Probst: 24 (Reproduktion aus: Elisabeth Ruttkay. Zur
Deutung der Depotfunde vom Typus Tolmanédi im
Zusammenhang mit dem Idol von Babska. Annalen
des Naturhistorischen Museums Wien, Band 85 A,
Tafel 2, Wien 1983, Zeichnung: Walter Strasil),
9 (Reproduktion aus Jorn Street-Jensen: Christian
Jürgensen Thomsen und Ludwig Lindenschmit: Eine
Gelehrtenkorrespondenz aus der Frühzeit der
Altertumskunde (1853–1964), Mainz 1985),
Zeichnungen von Friederike Hilscher-Ehlert für das
Buch »Deutschland in der Bronzezeit« (1996) von
Ernst Probst: 1, 15

Die wissenschaftliche Graphikerin
Friederike Hilscher-Ehlert

Friederike Hilscher-Ehlert wurde am 13. Dezember 1946 in Hamburg geboren. Sie absolvierte eine Ausbildung sowie ein Studium in den Fächern Kostümbild und Bühnenbild. Danach war sie mehrere Jahre lang an der Bühne tätig. Auf dem zweiten Berufsweg wurde sie wissenschaftliche Graphikerin mit dem Schwerpunkt Archäologie und arbeitete am Rheinischen Landesmuseum Bonn. Ihre Fachgebiete waren Restaurierung, Archäo-Botanik, Wissenschafts-Publikationen, Amtshilfe bei externen Projekten und Ausstellungskonzeption. Mit Lebensbildern von Menschen aus vergangenen Zeiten machte sie sich bereits einen Namen, als solche Kunstwerke in ihrer Heimat noch Seltenheiten waren. Das erste Buch, in dem Zeichnungen von Friederike Hilscher-Ehlert abgebildet wurden, heißt »Report aus der Römerzeit« (1989). In den frühen 1990-er Jahren schuf sie zahlreiche Lebensbilder für das Buch »Deutschland in der Bronzezeit« (1996) des Wiesbadener Wissenschaftsautors Ernst Probst. Großformatige Lebensbilder aus ihrer Hand schmücken die Werke »Die Römer« (1999), »Die Steinzeitler« (2003), »Die Kelten" (2003) und »Die Franken« (2003) in der vom Rheinischen Landesmuseum Bonn herausgegebenen Reihe »Lebendige Vergangenheit«. Im Geleitwort schrieb Professor Dr. Hans-Eckart Joachim: »Die Zeichnerin Friederike Hilscher-Ehlert verbindet wissenschaftlich abgesicherte, akribische Prägnanz mit virtuosem unverkennbaren Personalstil, der der Phantasie und Entdeckerfreude Raum lässt. So entstehen Bilder, in denen uns Menschen und Menschengemachtes der Vergangenheit entgegentreten, längst verwischte Spuren sichtbar werden.« Zeichnungen von ihr erschienen außer in Büchern auch in wissenschaftlichen Zeitschriften und man sah sie in Ausstellungen von Museen oder auf zahlreichen farbprächtigen Ansichtskarten. Friederike Hilscher-Ehlert betont: »Archäologische Illustration ist heute in keinem Museum und in keiner fundierten Fachpublikation mehr entbehrlich. Es ist mir eine Freude Wegbereiterin dieser Art Graphik in Deutschland gewesen zu sein.«

Der Autor Ernst Probst

Ernst Probst, geboren am 20. Januar 1946 in Neunburg vorm Wald im bayerischen Regierungsbezirk Oberpfalz, ist Journalist und Wissenschaftsautor. Er arbeitete von 1968 bis 1971 als Redakteur bei den »Nürnberger Nachrichten«, von 1971 bis 1973 in der Zentralredaktion des »Ring Nordbayerischer Tageszeitungen« in Bayreuth und von 1973 bis 2001 bei der »Allgemeinen Zeitung«, Mainz. In seiner Freizeit schrieb er Artikel für die »Frankfurter Allgemeine Zeitung«, »Süddeutsche Zeitung«, »Die Welt«, »Frankfurter Rundschau«, »Neue Zürcher Zeitung«, »Tages-Anzeiger«, Zürich, »Salzburger Nachrichten«, »Die Zeit«, »Rheinischer Merkur«, »Deutsches Allgemeines Sonntagsblatt«, »bild der wissenschaft«, »kosmos«, »Deutsche Presse-

Agentur« (dpa), »Associated Press« (AP) und den »Deutschen Forschungsdienst« (df). Aus seiner Feder stammen die Bücher »Deutschland in der Urzeit« (1986), »Deutschland in der Steinzeit« (1991), »Rekorde der Urzeit« (1992), »Dinosaurier in Deutschland« (1993 zusammen mit Raymund Windolf) und »Deutschland in der Bronzezeit« (1996). Von 2001 bis 2006 betätigte sich Ernst Probst als Buchverleger sowie zeitweise als internationaler Fossilienhändler und Antiquitäten-händler. Insgesamt veröffentlichte er mehr als 100 Bücher, Taschenbücher, Broschüren und E-Books.

Bücher von Ernst Probst

Affenmenschen
Von Bigfoot bis zum Yeti

Annie Oakley
Die Meisterschützin des Wilden Westens

Archaeopteryx. Der Urvogel aus Bayern

Christl-Marie Schultes. Die erste Fliegerin in Bayern
(zusammen mit Theo Lederer)

Cortés und Malinche. Der spanische Eroberer
und seine indianische Geliebte

Das Dinotherium-Museum Eppelsheim
Führer durch die Ausstellung
(zusammen mit Dr. Jens Lorenz Franzen
und Heiner Roos)

Der Europäische Jaguar

Der Mosbacher Löwe
Die riesige Raubkatze aus Wiesbaden

Der Rhein-Elefant
Das Schreckenstier von Eppelsheim

Der Schwarze Peter
Ein Räuber im Hunsrück und Odenwald

Der Ur-Rhein
Rheinhessen vor zehn Millionen Jahren

Deutschland im Eiszeitalter

Deutschland in der Frühbronzezeit

Deutschland in der Mittelbronzezeit

Deutschland in der Spätbronzezeit

Die Aunjetitzer Kultur in Deutschland

Die Straubinger Kultur in Deutschland

Die Singener Gruppe
und die Oberrhein-Hochrhein-Gruppe

Die Arbon-Kultur in Deutschland

Die Ries-Gruppe und die Neckar-Gruppe

Die Adlerberg-Kultur

Der Sögel-Wohlde-Kreis

Die nordische Bronzezeit in Deutschland

54

Die Hügelgräber-Kultur in Deutschland

Die ältere Bronzezeit in Nordrhein-Westfalen

Die Bronzezeit in der Lüneburger Heide

Die Stader Gruppe

Die Südhannoversche Gruppe

Die Oldenburg-emsländische Gruppe

Die ältere Bronzezeit im westlichen Brandenburg

Die Vorlausitzer Kultur

Die Urnenfelder-Kultur in Deutschland

Die ältere Niederrheinische Grabhügel-Kultur

Die Allermündungs-Gruppe

Die Ems-Hunte-Gruppe

Die jüngere Bronzezeit im südlichen Niedersachsen

Die Unstrut-Gruppe

Die Helmsdorfer Gruppe

Die Saalemündungs-Gruppe

Die Lausitzer Kultur in Deutschland

Die Dolchzahnkatze *Megantereon*

Die Dolchzahnkatze *Smilodon*

Die Säbelzahnkatze *Homotherium*

Die Säbelzahnkatze *Machairodus*

Die Schweiz in der Frühbronzezeit

Die Schweiz in der Mittelbronzezeit

Die Schweiz in der Spätbronzezeit

Die Rhône-Kultur in der Westschweiz

Die Arbon-Kultur in der Schweiz

Dinosaurier in Deutschland. Vom *Efraasia* bis zu *Sellosaurus*

Dinosaurier in Bayern

Dinosaurier von A bis K. Von *Abelisaurus* bis zu *Kritosaurus*

Dinosaurier von L bis Z. Von *Labocania* bis zu *Zupaysaurus*

Eiszeitliche Geparde in Deutschland

Eiszeitliche Leoparden in Deutschland

Frauen im Weltall

Höhlenlöwen. Raubkatzen im Eiszeitalter

Johann Jakob Kaup
Der große Naturforscher aus Darmstadt

Julchen Blasius. Die Räuberbraut
des Schinderhannes

Königinnen der Lüfte in Deutschland

Königinnen der Lüfte in Europa

Königinnen der Lüfte in Frankreich

Königinnen der Lüfte in England, Australien
und Neuseeland

Königinnen der Lüfte in Amerika

Königinnen der Lüfte von A bis Z

Königinnen des Tanzes

Malende Superfrauen

Meine Worte sind wie die Sterne
Die Entstehung der Rede des Häuptlings Seattle
(zusammen mit Sonja Probst)

Monstern auf der Spur
Wie die Sagen über Drachen, Riesen
und Einhörner entstanden

Österreich in der Frühbronzezeit

Österreich in der Mittelbronzezeit

Österreich in der Spätbronzezeit

Die Leithaprodersdorf-Gruppe

Die Aunjetitzer Kultur in Österreich

Die Straubinger Kultur in Österreich

Die Unterwölblinger Gruppe

Die Wieselburger Kultur

Die Litzenkeramik
oder Draßburger Kultur

Die Veterov-Kultur
und die Böheimkirchener Gruppe

Die Attersee-Gruppe

Pompadour und Dubarry. Die Mätressen
von Louis XV.

Raub-Dinosaurier von A bis Z.
Mit Zeichnungen von Dmitry Bogdanav
und Nobu Tamura

Rekorde der Urmenschen
Erfindungen, Kunst und Religion

Rekorde der Urzeit
Landschaften, Pflanzen und Tiere

Säbelzahnkatzen. Von *Machairodus*
bis zu *Smilodon*

Säbelzahntiger am Ur-Rhein. *Machairodus*
und *Paramachairodus*

Seeungeheuer
Von Nessie bis zum Zuiyo-maru-Monster

Superfrauen aus dem Wilden Westen

Superfrauen 1 – Geschichte

Superfrauen 2 – Religion

Superfrauen 3 – Politik

Superfrauen 4 – Wirtschaft und Verkehr

Bestellungen bei: http://www.grin.com

60